新 1分間マネジャー

The New One Minute Manager

Ken Blanchard, PhD Spencer Johnson, MD

部下を成長させる3つの秘訣

ケン・ブランチャード+スペンサー・ジョンソン［著］

金井壽宏［監訳］ 田辺希久子［訳］

ダイヤモンド社

THE NEW ONE MINUTE MANAGER
by Ken Blanchard, PhD and Spencer Johnson, MD

Published by arrangement with William Morrow,
an imprint of HarperCollins Publishers, New York
through Tuttle-Mori Agency, Inc., Tokyo

毎日1分間、手を止めて部下や同僚の顔を眺めてみよう。
彼らこそが、最も大切な資源であることを思い出そう。

監訳者まえがき

たった1分間で大きな違いや変化が出せるのか。そのようなことが本当にできるのか——。人をマネージするというのは、もっと息の長いプロセスだとお考えの方も多いだろう。

たとえば、会社を例にとると、研究所で製品を開発する人も、工場でその製品の歩留まりを上げる人も、できあがった製品の販売を担う人も、大きな仕事のサイクルだと、成果が出るまでに数カ月から時には数年に及ぶこともあるだろう。新製品の開発、その製品の徹底的な品質向上にもそれなりの時間を要し、画期的な製品ほど販売にも工夫や努力だけでなく、時間がかかるはずだ。

他方で、ベンジャミン・フランクリンの「時は金なり（Time is money）」という言葉を持ち出すまでもなく、時間は大切なものであり、できることなら、より短い時間でより質の高い仕事をより多く成し遂げたいものだ。欲張りだと響くかもしれないが、すぐれた仕事人も、すぐれた職場や組織も、そういう時間規律をもっている。

『新1分間マネジャー』は、成果が出るまで時間がかかるマネジメントについて、「1分間」というキーワードできわめてシンプルな解決方法を提示してくれる。とくに物語形式で書かれているので、実践的指針が明快でわかりやすいのが特徴だ。マネジャーとして部下をもつようになった人にとって、これ以上に読みやすい書はないだろう。

振り返ってみよう。つらいときに、親や先輩や上司がくれた言葉を。たとえば、「いつも支えるよ」「いつも側にいるから」という言葉を放つのに、脈絡を入れても1分で十分だ。もちろん、うれしいときの称賛、「よくやった！」の一言もそうだ。もし、コーチングを習っている人なら、Iメッセージ（I＝自分を主語にしたメッセージ）で「きみがここまでやってくれたので、私はうれしいよ」と丁寧に言っても、1分間どころか、5秒ぐらいだ。マネジャーのメンバーに対する大事な指示も支持も、それぐらいの短さに凝縮される。

このような発想から、本書は部下と接する時間を大切にするうえで、マネジャー職につく前の若手の方々にも、キャリアの早い段階から読んでいただきたい書籍である。このたび、より読みやすく、装いを新たにした新版が出て、かつての読者は、自分が育った分、読み方がどう変わったか、深まったか、実践とつながってきたかを確認してほしい。新しい読者は、凝縮した1分間をうまく言動で示せば、ついてくるフォロワーのやる気、元気、勇気がどう変わるか、ぜひ試してみてほしい。

しかも、リーダーシップの望まれる範囲は広い——それは、けっしてビジネスに限定されるわけではない。クラブ活動やサークル、体育会系の部活など、会社に入る前でも、リーダー、とりまとめ役、あるいはその補佐役になる機会が多くある。大学に勤務する人間としては、学生であっても1分間マネジャーに入門し始めるのに、けっして早すぎる、若すぎることはないと思っている。

職場で上司も若手の部下も、中学・高校や大学で先生も生徒・学生も、また、もっと身近には、家庭で親も子も、それぞれが1分間マネジャーに入門していこう。

個人として為すべき課題、与えられた課題をこなし、やがて自分で課題を見つけてそれを解決できる力をつけ、早い人なら職制上は管理職にならなくても、一担当者のときから自らイニシャティブを取って、後輩、仲間、場合によっては上司も巻き込んで、自分の描いた絵をみんなとともに成し遂げる人材に育っていく。これがリーダーになるということだ。

それには、自分がやると決めたことを確実にこなすこと、自分で工夫して新しいやり方を担当者として探し出し実現すること、仲間や上司を巻き込んで、より大きな変革を成し遂げること――、このようなプロセスを通じて、人はリーダーに育ち、よりスケールの大きいリーダーになっていく。

本書は、そんなリーダーになるきっかけを与えてくれるはずだ。

はじめに

オリジナル版『1分間マネジャー』が出版されて以来、世界の様相は変わった。今日の組織はより速く、より少ない資源によって、たえず変化するテクノロジーとグローバル化に対応しなければならない。

この変化する世界でリーダーとして、マネジャーとして成功するために、『新1分間マネジャー』をみなさんに提供できることを、私たちは幸いに思っている。

いまや古典となったこの物語において、世界中の多くの人々を助けてきた核心的原理は今も変わらない。だから『新1分間マネジャー』のストーリーも、ほとんどそのままである。

それでも世界の変化とともに1分間マネジャーは変わった。より協調的な〝新しい〟やり方で人々を導き、意欲を引き出している。

1分間マネジャーが3つの秘訣を教えはじめた当時、トップダウン型のリーダーシップがあたりまえだった。

今や、すぐれたリーダーシップはむしろ横並びの協調的関係といえる。『新1分間マネジャー』にも、そのことが反映されていることがおわかりになるだろう。

現代の人々は、家庭でも仕事でもより大きな充実感を求めている。生きがいを感じ、世の中に貢献したいと願っている。仕事で自分を切り売りしても、プライベートで楽しめればよい、などと考える人は減っている。

「新1分間マネジャー」はそのことを踏まえ、部下たちをふさわしく扱う。部下たちが組織の成功に欠かせない貢献をしていることを心得ている。有能な人材を集め、維持することが最優先課題であることを、新1分間マネジャーは知っている。

そこで重要なのが、新1分間マネジャーが新しいアプローチをどのように〝実践〟しているかである。

中国古代の賢者、孔子の教えにもあるとおり「知識の真髄は、もつだけでなく使うところにある」。

私たちは読者のみなさんが、本書に示された「3つの秘訣」を活用して、変化する世界において成功をかちとる——そして職場の同僚や仲間ばかりでなく、家族や友人との関係においても成功を収められると信じている。

そうすることで、職場や家庭でともに働き、暮らす人々もまた、より健康で、より幸せで、より生産的な人生を享受できると信じてやまない。

ケン・ブランチャード
スペンサー・ジョンソン

新1分間マネジャー

目次

第 1 章

理想のマネジャーはどこにいる？

1 マネジャー探しの旅

かつてひとりの賢明な若者が、変化する現代の世界でリーダーシップとマネジメント力を発揮できる、特別なマネジャーを探していた。

仕事と生活のバランスをよくし、仕事も生活もいっそう有意義で楽しいものになるよう、人々を勇気づけるマネジャーを探していた。

そういう人のために働きたいと思い、自分もそういう人になりたいと思った。

何年も探し歩き、世界のすみずみまで訪ねつくした。

小さな町にも行き、強大な国家の首都も訪ねた。

急速に変化する世界に対応しようと努力する、多くのマネジャーと語り合った。経営者や起業家、官僚や軍人、大学の学長や財団の理事長、さらには商店、レストラン、銀行、ホテルのマネジャーなど、老若男女を問わず話し合った。

大きいもの小さいもの、豪華なもの質素なもの、窓のあるものないものなど、あらゆる種類のマネジャーのオフィスを訪ねた。

そして人材マネジメントの全体像がわかりかけてきた。

それでも、自分が見聞きしたものに必ずしも納得できなかった。

「剛腕」のマネジャーは多かったが、その組織は成功しても、そこで働く人々は成功できずにいた。

「剛腕」マネジャーがよいマネジャーと考える人もいたが、そう思わない人もたくさんいた。

若者は「剛腕」マネジャーたちのオフィスを訪ね、質問した。「自分はどんなマネジャーだと思いますか」

答えはどれも、同じようなものだった。

「私は結果重視のマネジャーです。最初から最後まで気を抜きません」という人もあれば、「現実的です」「ビジネスライクです」「コスト意識があります」といった答えもあった。

これまでずっとそうしてきたし、今後も変えるつもりはないと彼らはいう。その言葉には、プライドと結果への思い入れが感じられた。

一方で「やさしい」マネジャーにもたくさん会った。そうしたマネジャーの部下は恵まれていたが、組織は成功できずにいた。

部下たちはそんな上司をよいマネジャーと思ったが、上層部から見るとそうではなかった。

「やさしい」マネジャーたちのオフィスを訪ねて同じ質問をすると、こんな答えが返ってきた。

「私は協調型のマネジャーです」「部下を援助します」「思いやりがあります」「人間的です」

彼らもまた、これまでずっとそうしてきたし、今後も変えるつもりはないという。

その言葉には、プライドと人間への思い入れが感じられた。

それでも若者は違和感を覚えた。

世界中のマネジャーのほとんどが、今までのやり方を変えず、結果か人間のどちらかをもっぱら優先しているように思われた。

結果にこだわるマネジャーは「独裁的」、人にこだわるマネジャーは「民主的」と呼ばれることが多いようだった。

若者は思った。「厳格で独裁的」でも、「やさしく民主的」でも、部分的にすぐれているにすぎない、いわば中途半端なマネジャーでしかないのではないだろうか。

若者は疲れを覚え、がっかりして家路についた。

理想のマネジャーを探す旅など、とっくにあきらめてもよかったのだが、若者には大いなる強みがあった。自分が何を探しているかが、はっきりしていたのだ。

変化の時代において最も有能なマネジャーとは、自分がいることで人にも組織にも恩恵を与える、そんなやり方で自分自身と部下を管理する人ではないか——そう若者は思った。

有能なマネジャーを求めてほうぼう探し回ったが、出会えたのはほんの数人。しかも、そうしたマネジャーは自分の秘密を打ち明けてはくれなかった。探しているものはもはや見つからないと、あきらめかけていた。

そんなとき、ある卓越したマネジャーの噂が耳に入った。意外にも近くの町に住んでいるらしい。部下はこの人のために働くことを喜び、しかも上司と部下が協力して偉大な成果をあげているという。

さらに部下たちがこの人から教わった原理を私生活に応用すると、そこでも素晴らしい結果を得たという。

その話は本当なのだろうか。本当だとしても、その人は自分に秘密を語ってくれるだろうか。

どうしても知りたくなった若者は、この特別なマネジャーのアシスタントに電話をかけて面会を申し込んだ。驚いたことに、アシスタントはその場でマネジャーに電話をつないでくれた。

いつなら会ってもらえるかと尋ねると、マネジャーはこう答えた。「今週は水曜日の午前を除けばいつでもあいています。あなたが時間を決めてください」

若者はとまどった。マネジャーともあろうものが、そんなに時間が余っているなんて。それでも興味をかきたてられ、面談へと向かった。

2 新1分間マネジャーに出会う

若者がオフィスに入っていくと、マネジャーは窓の外を眺めていた。彼は振り向いて椅子を勧めた。「さて、どういうご用件でしょう」

「あなたの素晴らしい評判を耳にして、あなたのマネジメントのやり方を詳しく知りたいと思ったのです」

「これまでに実績をあげている方法を、今起きている変化に合わせて、いくつかの〝新しい〟アプローチで応用しています。しかしその話はあとにして、まず基本から始めましょう。

私たちの組織でも以前はトップダウン型マネジメントを行っていました。当時はそれでうまくいったのです。しかし今やトップダウン構造では動きが遅すぎます。やる気が生まれないし、革新も生まれない。顧客はより迅速なサービス、よりよい製品を求めますから、全員がもてる能力をフルに発揮しなければなりません。頭脳集団は役員室だけにいるのではありません。組織のあらゆる場所にいるのです。

今やスピードが成功のカギなのだから、協調型のリーダーシップのほうが、従来の指揮命令型システムよりはるかに効率的なのです」

「協調型のリーダーシップとは、どういうものでしょう」

「私は毎週水曜日の午前にチームとミーティングを行います。水曜日は都合が悪いといったのはそのためです。ミーティングでは私は聞き役にまわり、この1週間の成果は何か、どんな問題にぶつかったか、何が達成できなかったのか、そしてそれを達成するにはどんな計画や戦略が可能かなどを、チームみんなで振り返り、分析します」

「ミーティングで決めたことは、あなたやチームに拘束力をもつのでしょうか」

「もちます。ミーティングの目的は、今後の活動に関する重要な決定に、みんなを参加させることですから」

「では、あなたは参加型マネジャーなのですね」

「どうでしょうか。部下の意思決定を促すのはよいことですが、その意思決定に自分が参加しようとは思いません」

「では、ミーティングの目的は何なのですか」

「さっきお話ししたばかりですよ」

若者は恥ずかしくなって、聞かなければよかったと悔やんだ。

マネジャーは言葉を切ってひと呼吸置いた。「私たちが目指すべきは結果です。みんなの才能を引き出せば、生産性は大幅に上がるのです」

「それでは、人より結果を重視するのですか」

マネジャーは立ち上がって部屋のなかを歩き始めた。

「いち早く成功を手にするためには、マネジャーは結果と人の両方を重視しないといけません。そもそも、人がいなければ結果は得られません。だから私は、人と結果の〝両方〟にこだわります。両者は一体なのです。これを見てください」

マネジャーはパソコンの画面を示した。「ある実践的真理を忘れないよう、スクリーンセーバーに入れているのです」

「自分自身に
満足している
人は
満足できる
結果を生み出す。」

若者が画面をのぞきこんでいると、マネジャーが語りかけた。「自分自身のことを考えてみてください。最高の仕事ができるのはどんなときですか。自分に満足しているとき？　それとも満足していないとき？」

若者は納得したようにうなずいた。「自分に満足しているときのほうが、仕事をばりばりこなせます」

「もちろん、そうです。あなただけでなく、みんなそうなのです」

「ということは、みんなが自分に満足するよう助けることが、生産性を高めるカギということですね」

「そうです。でも忘れないでください。生産性とは単に〝量〟をこなすことではありません。〝質〟も大切です」マネジャーはそう言って窓際へ歩み寄った。「あれを見てください」

窓に近づくと、マネジャーが階下のレストランを指さした。「あのレストラン、繁盛しているでしょう」

見るとレストランの外に行列ができている。「立地がよかったのでしょう」若者はそう分析した。

「それなら、1軒おいた隣のレストランにはどうして行列ができないのでしょう。みんなが最初のレストランに行って、もうひとつのレストランに行かないのはなぜでしょう」

「料理とサービスがすぐれているから？」

「そのとおり。とても単純なことです。すぐれた製品や、人々が望むサービスを提供しなければ、商売を長く続けていくことはできません。あたりまえのことは見逃しがちなのです。この店のような高い成果をあげる最良の方法は〝人〟です。最高のレストランに成功をもたらしているのは、そこで働いている〝人〟なのです」

若者は大いに興味をそそられ、席に戻るとこう尋ねた。「自分は参加型のマネジャーではないとおっしゃいました。では、どんなマネジャーだと？」

「みんなからは『新1分間マネジャー』と呼ばれています」

若者は驚いたような顔をした。「何ですって？」

マネジャーは笑いながら答えた。「短期間でめざましい成果をあげる新たな方法を次々と見つけるので、みんなからそう呼ばれるのです」

これまで多くのマネジャーと対話してきたが、こんな話を聞いたのは初めてだった。短期間ですぐれた成果をあげるなんて、そう簡単には信じられない。

若者が疑いの表情を浮かべたのを見てとって、マネジャーは問いかけた。「信じられませんか」

「正直言って、想像することすら難しいです」

マネジャーは笑い声をあげた。「私がどんなマネジャーなのか本当に知りたいなら、チームの誰かに話を聞いてはどうですか」

マネジャーはパソコンに向かい、名簿をプリントアウトして若者に渡した。「私の部下6人の名前、役職、そして電話番号です」

「どの人と話せばいいでしょう」

「あなた次第です。好きな名前を選んでください。ひとりでもいいし、全員と話してもかまいません」

「それにしても、誰から始めればよいか」

「さっきも言いましたが、他人のために意思決定をすることはありません」マネジャーはきっぱりと言った。「決めるのはあなたです」マネジャーは口を閉ざし、永遠に続くかと思われる沈黙が流れた。

若者はいたたまれなくなり、自分ひとりで決められることを、マネジャーに決めてもらおうとしたことを後悔した。

マネジャーは立ち上がって若者をドアまで案内した。

「あなたは部下に対するリーダーシップとは何か、マネジメントとは何かを知ろうとしている。素晴らしいことです。私のチームの誰かと話して、まだ質問があれば、どうぞ聞きにきてください。

あなたに『1分間マネジャー』という概念をプレゼントしましょう。私も別の誰かからそれをもらって世界が一変しました。この概念を理解できるようになれば、自分もいつかマネジャーになりたいと思うでしょう」

「ありがとうございます」

マネジャーのオフィスを出ていくとき、アシスタントのコートニーとすれ違った。

「考え込んでいるところを見ると、マネジャーとの出会いを実感しましたね」

若者はなおも頭を整理しかねているようだった。「どうやらそのようです」

「お手伝いできることは？」

「はい。面談するようにといって、この名簿をもらったのです」

コートニーはリストに目を通した。「このうち3人は今週、出張中です。でもテリーザ・リー、ポール・トレネル、ジョン・レヴィーは社内にいます。電話して面談をセットしましょう」

「ありがとうございます。感謝します」若者は礼を言った。

第 2 章

The New One Minute Manager

1分間マネジメントの3つの秘訣

1

第1の秘訣「1分間目標」

若者がオフィスに入ってくると、テリーザ・リーは眼鏡をはずして微笑んだ。「マネジャーとお会いになったそうですね。たいした人物でしょう」

「そうですね」

「彼のマネジメント法について、私たちと話すように言われたのでしょう？」

「そのとおりです」

「本当に驚くべき効果があるのです。あんなに短時間で仕事のやり方を教えてもらえるなんて、いまだに信じられません」

「本当に？」

「本当です。最近はほとんど彼に会わなくなりました」

「助けてもらうことはないのですか」

「最初のころに比べるとね。ただし、新しい仕事や職務を始めるときは、時間を割いてくれます。そこで『1分間目標』を一緒に立てるのです」

「1分間目標？　それはなんですか？」

「1分間マネジメントの3つの秘訣の1番目です」

「3つの秘訣？」若者はもっと知りたいとばかりに身を乗り出した。

「そうです。1分間目標を立てることから、1分間マネジメントは始まるのです。ほとんどの組織がそうですが、部下と上司に仕事の内容を聞くと、別々の答えが返ってくることが多い。私が前にいた組織では、私が自分の職務と思っている範囲と、上司が私の職務と思っている範囲がほとんど食い違っていました。だから自分の職務とは夢にも思わない仕事をやらずにいて、あとで大変な目にあったこともあります」

「この組織でもそういうことはありますか」

「とんでもない！　ここではそういうことはありません。私たちの職務が何で、責任範囲はどこまでか、マネジャーが一緒になって明確にしてくれますから」

「具体的にはどうするのですか」若者はたたみかけるように質問した。

「とても効率的なやり方をしていますね」テリーザは微笑んだ。「今では彼を『新1分間マネジャー』と呼んでいます。斬新なアプローチで、ますます効率があがっていますから」

「なぜそんなことができるのでしょう」

テリーザは説明した。

「例をあげると、私たちの代わりに目標を設定してくれるのではなくて、私たちの言うことに耳を傾けたうえで、共同作業でそこから発展させていくのです。最も優先すべき目標はどれとどれか、お互いの意見が一致したら、1ページに1項目ずつ書きだしていきます。

マネジャーの考えでは、目標とその評価基準（何を、いつまでに行うか）を1～2段落以内にまとめれば、おおむね1分間で読み返したり修正したりできるといいます。

目標を簡潔にまとめておけば、何度も見直せるし、大切なポイントを見失うこともありません。

書きあがったらマネジャーにメールで送り、自分もコピーを保存。こうすればすべてが明確だし、マネジャーと私のふたりがかりで、定期的に私の進捗状況をチェックできます」

「1つの目標に1ページとすると、すべての目標を合わせるとかなり分厚くなるのでは？」

「そんなことはありません。わが社は80対20の法則を信奉しています。本当に重要な成果の80％は、最初に立てた目標の20％から生まれるのです。だからその20％、つまり自分にとって最も重要な職務に絞り込んで1分間目標を立てていきます。目標は3つから5つくらい。もちろん、緊急のプロジェクトが発生した場合は、臨時の1分間目標を設定します」

テリーザはさらに続けた。

「個々の目標は1分もあれば読めるので、折にふれて読み返して現状と照らし合わせ、当初の目標からずれていないか確かめるよう奨励されます。もし軌道をはずれていたら方向を調整します。だから早く成功を達成できるのです」

若者が論点を整理した。「つまり現状が期待どおりのものになっているか、マネジャーに指摘される前に〝自分〟が点検するのですね」

「そうです」

「ある意味、自分が自分のマネジャーなのですね」

「そのとおりです」テリーザはうなずいた。

「しかも、このやり方のほうが楽なのです。自分の仕事の範囲がわかっているし、すぐれたパフォーマンスとは何かをマネジャーが具体的に示してくれます。言い換えると何が期待されているか、マネジャーにも私にも明確なのです。

とはいえ、お互い離れたところで仕事をしていますし、マネジャーがいつも対面で指導できるわけではありません。そうした場合、マネジャーはいろいろな方法を用います」

「例をあげてもらえますか」

「もちろん」テリーザは語り始めた。

＊

以前に私が目標として立てたことのひとつに、問題点を特定して、状況を好転させる解決策を考える、というものがありました。

この組織に入った当時のことです。出張先で解決すべき問題点に遭遇しましたが、どのように対処すべきかわかりませんでした。

そこでマネジャーに電話したのです。マネジャーが電話に出て、私が「実はちょっと問題が……」と言うが早いか、マネジャーは「それはいい！」と言いました。「その問題を解決するために、あなたは雇われたのだ」と。そして、電話の向こうで長い沈黙がありました。

私はなんと答えていいかわからず、しどろもどろになりながら、やっとの思いで言いました。「でも……でも……どうやって解決すればよいのかわかりません」

「テリーザ。あなたのこれからの目標のひとつは、〝自分で〟自分の問題を見つけ、〝自分で〟解決するということです。とはいうものの、まだ入ったばかりだから、相談に乗りましょう。何が問題なのか話してください」

そこで私は、自分が見つけた問題点についてできる限りくわしく説明しようとしたのですが、緊張でかたくなり、頭が混乱してしまいました。

マネジャーはやさしい言葉で安心させてくれました。「それなら、何が起きていて、何が起きていないのか、話してください。そこに問題の原因があるのです」

それまで自分のことで頭がいっぱいだったのが、そのひとことで問題の本質が見えてきて、彼の言うとおりに問題点を説明できました。

「それでいい、テリーザ」とマネジャーは言いました。「ではあらためて、どんな変化を起こしたいのか話してください」

「まだよくわかりません」

「では、わかったら電話してください」

私はびっくりして、一瞬固まってしまいました。言葉が出ませんでした。するとマネジャーは気を使って、向こうから沈黙を破ってくれました。

「何を変えたいのか言えないのは、まだ問題を把握していなくて、単に文句を言っているだけなのです。〝現実に〟起きていることと、起こってほしいという〝願望〟の間に差がなければ、問題が存在しているとはいえません」

私は呑み込みが早いほうで、自分がどんな変化を起こしたいのか、そのとき突然ひらめきました。そこでそのことを伝えると、マネジャーは現実とあるべき姿の間にギャップを生み出している原因は何なのかと尋ねました。

私が答えを言うと、マネジャーは「そのことに対してどのような行動をとるつもりですか」と尋ねました。

「そうですね、例えばAという方法があります」

「Aという方法をとれば、起きてほしいと思う変化が本当に起きるでしょうか」

「起きないでしょう」

「では、その解決法は失格ですね。ほかに方法はありませんか」

「Bという方法もあります」

「Bという方法をとれば、起きてほしい変化が本当に起きるでしょうか」マネジャーは再び問いただしました。

「いいえ」

「それでは、この解決法も失格ですね。ほかに方法は？」

私は2、3分考えてから、こう答えました。「Cという方法もありますが、Cを実行しても望む結果は得られません。だからこれも解決法にはなりません」

「そのとおり。核心に近づいてきたようですね」マネジャーは冗談ぽく言いました。

「ほかに、できそうなことはありませんか」

私は少しほっとして、笑顔で答えました。「これまでにあげた解決法を組み合わせるといいかもしれません」

「それはやってみる価値がありそうだ」

「今週はAを、来週はBを、再来週はCを実行すれば、問題は解決しそうです。素晴らしい、ありがとうございます。私の問題を解決してくださったのですね」

「解決なんてしていません」マネジャーはきっぱり言いました。「あなたが自分で解決したのです。私は質問をしただけです。それも、ゆくゆくは自分が自分にできるような質問をね」

彼の意図がはっきりわかりました。将来、私がひとりで解決できるように、やり方を見せてくれたのです。

＊

「さっきおっしゃっていた『すぐれたパフォーマンスとは何かを見せる』とは、こういうことでしょうか」

「そうです。マネジャーは私が自分で理解し、自分で実行できるように、やって〝見せて〟くれたのです。彼は電話の最後にこう付け加えました。『上出来ですよ、テリーザ。次に問題にぶつかったら、自分にはやれるということを思い出してください』」

テリーザは椅子の背に体をあずけ、1分間マネジャーに初めて出会ったときのことを思い返しているかのようだった。

「マネジャーとの電話のあと、思わず笑みが浮かびました。あのやり方なら、今後、マネジャーは私にさほどかかわらなくてすむということに気づいたのです」

「自分ひとりでうまく問題を解決できるようになったから？」

「そうです。マネジャーはチーム全員に、仕事をよりよく、より速くこなすことの楽しさを味わわせたいのです」

若者は一瞬考えてから言った。

「確かにこのやり方だと、チームメンバーが自主的に行動できるようになって、組織の即応力が高まりますね。これまで教えていただいたことを短く要約してみたいのですが、かまいませんか」

テリーザは答えた。「よい考えだと思います」

若者による要約は以下のとおりである。

1分間目標の効果的な活用法

①部下と協力して目標を立て、その目標を簡潔かつ明瞭に記述する。すぐれたパフォーマンスとはどのようなものか、部下に示してみせる。
②部下の目標を、目標ごとに1ページずつ、期限も含めて書き出させる。
③重要な目標については毎日見直しをさせる。これには数分しかかからない。
④1分間で現在の進捗状況をチェックし、自分の行動が目標と一致しているか確認するよう促す。
⑤行動が目標からずれていたら、現在の活動を見直すよう促し、いち早く目標が実現できるようにする。

若者は要約をテリーザに見せた。

「その調子！　物覚えが早いですね」

「ありがとうございます」若者は満足げに言った。

「1分間目標の設定が1分間マネジャーになるための第1の秘訣だとしたら、残りの2つはなんでしょう」

テリーザはにっこりして時計を見た。「ポール・トレネルに聞くといいでしょう。このあと会うことになっていますね」

テリーザがすでに自分の予定を知っていることに感嘆しながら、若者は立ち上がって握手をした。「そうなのです。お時間をとってくださってありがとうございました」

「どういたしまして。最近は時間に余裕がありますから。おわかりでしょう。私も新1分間マネジャーになりつつあるのです」

「ということは、今起きている変化を見きわめ、3つの秘訣を応用する新しい方法を探求中ということですか」

「そうです。変化に対応することは、今の私にとって最も重要な目標のひとつです」

2

第2の秘訣「1分間称賛」

テリーザのオフィスをあとにしながら、教わったことの単純さに若者は驚いていた。でも、そのほうが理にかなっているのかもしれない。そもそも何を目標とし、すぐれたパフォーマンスとはどんなものか、自分もチームも明確にわかっていなければ、有能なマネジャーとは言えないだろう。

ポール・トレネルのオフィスに着くと、その人がとても若いことにびっくりした。恐らく20代後半、せいぜい30代初めだろう。

「うちのマネジャーに会われたのですね。たいした人物でしょう?」

〝たいした人物〟という言葉には、すでに慣れっこになりつつある。

「確かにそうですね」

「マネジメントのやり方を教えてもらいましたか」

「教えてもらいました。実際そのとおりなのですか」この人からはテリーザと違う答えが返ってくるだろうかと思いながら、若者は質問した。

「もちろん、彼の言うとおりです。前の会社の上司は、細かいことまで管理するマイクロマネジャーでした。でも新1分間マネジャーはそういうやり方に反対です」

「部下を助けないということですか」

「最初のころにくらべると、あまり助けてくれません。今は私を信頼してくれていま す。ただし、新しいプロジェクトや業務に取り組むときは、たっぷり時間を割いてくれます」

「1分間目標の立て方なら、今教わってきたばかりです」若者が口をはさんだ。

「いや、これは1分間目標の話でなく、1分間称賛のことなのです」

「1分間称賛？　それが第2の秘訣ですか」

「はい。実は私がこの組織に入ったとき、マネジャーは自分がこれから何をするつもりかを、きわめて明確に説明してくれたのです」

「それはなんだったのですか」

「私の仕事ぶりに対して一点の曇りもないフィードバックを返していけば、よい仕事をするのがずっと容易になるはず、と彼は言ったのです。そうすれば私は成功できるし、私には才能があるから、ずっと組織にとどまってもらいたい、仕事を楽しんでもらいたいし、大いに組織に貢献してもらいたいとも言いました。

そのために、よい仕事をしたときも、しなかったときも、極力〝具体的な言葉〟で指摘するつもりだ、だから最初のうちは、お互いに気まずいこともあるかもしれないと言われました」

「なぜですか」

「自分のやり方は大半のマネジャーと違っているからと、彼は言いました。でも大丈夫、この仕事で成功したいと思うなら、フィードバックが貴重な助けになることがわかるはずだと励まされました」

「具体的な例をあげていただけますか」

「いいですよ」ポールは話し始めた。「ここで働き始めた当時、マネジャーは私と一緒に1分間目標を設定したあとも、密接に連絡をとってくれました」

「どんなふうに？」

「やり方は2つありました。第1に、私の活動を観察するのです。遠く離れていても、私の仕事ぶりはさまざまなデータをとおして観察できます。第2に、私自身に進捗状況を報告させました」

「どんな気持ちでしたか」

「最初は不安でした。でも観察するのは、正しいやり方をしているところを見つけるためだ、というマネジャーの言葉を思い出したのです」

「〝正しいやり方〟をしているところを見つける？」

「そうです。私たちの間では、すべてのマネジャーの心得としてこんな格言を使っています」

「部下が実力を
フルに発揮できるよう
助けよう。
部下が
正しいやり方をしているところを
見つけよう。」

これまでに多くのマネジャーに会ってきたが、「正しいやり方をしているところを見つける」マネジャーなど聞いたことがなかった。

ポールは続けた。「ほとんどの組織で、マネジャーはもっぱらどういうときに部下に目をつけると思いますか」

若者はわけ知り顔ににっこりした。

「部下のやり方が間違っているときでしょう」

「そのとおり！」ポールは微笑んだ。「しかし、私たちのところでは肯定的な側面を大事にして、正しいやり方をしているところを見つけます。その部下が新しい仕事に取り組んでいるときは、とくにそうです」

若者はメモをとり終えると顔をあげた。「正しいやり方をしているところを見つけたら、マネジャーはどうするのですか」

「1分間称賛を行います」ポールがうれしそうに答えた。

「といいますと？」

「部下が正しいやり方をしているのを見つけたら、どこが正しいのかを具体的に示し、どんなにうれしく感じているかを伝えます。そしてちょっと間を置いて、部下の心にもそのことがしみわたるようにします。そのうえで、さらによい仕事を続けるよう励まして、称賛を際立たせるのです」

「そんなことをするマネジャーなんて聞いたことがありません」若者は言った。「部下はさぞ気分がよいでしょうね」

「そのとおりですが、それにはいくつか理由があります。第1に、正しいやり方をしたとき、すぐに称賛してもらえます」そして、声をひそめて言った。「もうおわかりでしょう、業績評価の時期まで待たなくてよいということです」

「なるほど。自分のやり方がよいのか悪いのか、すぐに教えてもらえないのは最悪ですからね」

「おっしゃるとおりです。第2に、どこが正しかったのかをとても具体的に指摘されるので、誠意をもって見守ってくれているとわかります。そして第3は、マネジャーの態度に一貫性があることです」

「一貫性?」若者はおうむ返しに尋ねた。

「ええ。私が正しいやり方をし、それが称賛に値すると判断すれば、たとえマネジャー個人にとって、あるいは組織にとって都合の悪いことでも、必ずほめてくれます。ほかの部分では迷惑を受けていても、自分の立場はわきに置いて、そのときの私のやり方を評価してくれるのです。その点は本当に感謝しています」

「そんなふうに称賛を与えるのは、マネジャーにとって時間のかかる仕事でしょう」

「そんなことはありません。長々とほめなくても、その人の仕事ぶりを見ていますよ、ということが伝わればよいのです。ふつうは1分もかかりません」

「だから1分間称賛というのですね」若者は言った。

「そのとおり」

「マネジャーは正しいやり方を見つけようと、ずっと見張っているのでしょうか」

「いや、そんなことはありません。主にその組織で働き始めた当初、あるいは新しいプロジェクトや業務に取り組むときだけです。仕事のやり方がのみ込めれば、だんだんマネジャーと会わなくなります。それは信用してくれている証拠なのです」

「そうでしょうか。さんざん見守ってもらったあと、会わなくなったらがっかりしませんか」

「そうでもありません。仕事ぶりが称賛に値するかどうか、マネジャーも私も別の方法でチェックできます。売上高、経費、生産スケジュールなど、報告されたデータを双方が閲覧できますから。そのうちに、自分が正しいやり方をしているかどうかがわかるようになります。自分で自分を称賛できるようになるのです。いつかまたマネジャーにほめられるかなと思う……それが現実になることもありますが、むしろその期待が励みになって、マネジャーがいなくてもがんばれるようになる。本当に不思議です。人生でこれほど一生懸命、仕事に打ち込んだことはありません。楽しくてしかたないのです。

なぜかといえば、称賛を〝自分の力で〟勝ち取ったと思えて、それがすごい自信につながる、これが大事なのです」

「どうして大事なのですか」

「〝自分の力で〟勝ち取ったという自信があると、どんな変化が起ころうと対処できます。革新を生み出し、先頭を走りぬくには、自信が必要なのです」

「だからマネジャーは意思決定を助けないで、自分で問題を解決させようとしたのですね」

「そうです。それにマネジャーにとっても時間の節約になります。私も自分のチームに同じやり方をしていますが、部下たちはどんどんできるようになっていますよ」

「パターンが見えてきました。1分間目標を1分間称賛につなげる、そしてそれが部下の力を最大限に引き出す、ということですね」

「そのとおりです」

「ちょっと時間をいただいて、1分間称賛についてメモをとってもよいですか」

「もちろんです」ポールが答えた。

以下は若者が記したメモである。

1分間称賛の効果的な活用法

〔最初の30秒〕

①できるだけ早く称賛する。

②どこが正しかったのかを具体的に伝える。

③部下が正しいやり方をしたことがどれほどうれしく、役立っているかを伝える。

〔小休止〕

④少し間をおいて、自分の行動に対する満足感を味わわせる。

〔後半の30秒〕

⑤同じことをさらに続けるよう激励する。

⑥部下を信頼していること、その成功を援助することをはっきり伝える。

「1分間目標と1分間称賛が第1、第2の秘訣だとしたら、第3の秘訣は何なのでしょうか」

ポールは椅子から立ち上がった。「ジョン・レヴィーに尋ねるとよいでしょう。次は彼と会うことになっていますね」

「そのとおりです。お時間をいただいて感謝しています」

「大丈夫。今では時間に余裕がありますから。私自身が新1分間マネジャーになりつつあるのです」

若者はうなずいた。この組織でこの言葉を聞くのは二度目である。

建物をあとにし、木立ちの間を歩きながら、若者は今日、発見したことに思いをめぐらせた。

ここで聞かされたことがいかに常識的で単純なことばかりであるか、それを思ってあらためて感銘を受けた。部下が正しいやり方をしたときにほめることの効果を、誰が否定できるだろう。誰だって、そうしてもらいたいと思うはずだ。

それにしても、1分間称賛は本当に効果があるのだろうか。1分間マネジメントとやらは、現実に収益アップにつながるのだろうか。

散歩をつづけながら、実質的な効果を知りたい気持ちが抑えられなくなった。そこでマネジャーのアシスタントのところへ戻り、ジョン・レヴィーとの面談を翌日の午前中に延ばしてもらえるかと頼んだ。そしてジョンと話をする前に、組織内の全業務の情報を把握している人に話を聞きたいのだと説明した。

コートニーは受話器を置きながら言った。「ジョンは明日の午前でもかまわないそうです」

彼女は次に市内のオフィスに電話をし、若者から頼まれた新しい面談の約束を取りつけた。面談の相手はリズ・アキノだ。「彼女なら必ず、あなたが探しているデータをもっていますよ」

コートニーに礼を言うと、若者は空腹を覚えた。向かいの店へ食事に行き、次の面談に備えることにした。

3 本当に成果は出ているのか

昼食後、若者は市内へ向かい、リズ・アキノと面会した。何のために会いにきたかを丁寧に説明したあと、用件を切り出した。「あなたがもっているデータからすると、組織内でマネジメントが最もうまくいっている部署はどこでしょう」

リズの答えを聞いて、若者は思わず笑ってしまった。

「あなたもご存じの、新1分間マネジャーの部署です。彼の部署は、どの部署より効率的で結果を出しています。それも長年にわたってね。どんなに状況が変化しようと対応してしまう、たいした人物ですね」

「素晴らしい」そう言って若者はさらに尋ねた。「最高の設備やテクノロジーをもっているからですか」

「いいえ。実を言えば、彼のところの設備やテクノロジーがいちばん時代遅れかもしれません」

「それにしても、どこかに欠点があるはずだ」若者は新1分間マネジャーのやり方に、まだ完全に納得していたわけではなかった。「従業員の入れ替わりが激しかったりしませんか」

「そういえば定着率は低いですね。別の部門に移る人が多いです」

「なるほど」若者はしっぽをつかんだと思った。

「新1分間マネジャーのもとを離れた人たちは、その後どうなりましたか」

「たいていは独立した業務を担当してもらっています。新1分間マネジャーは人材育成でも群を抜いています。ポストにあきが出て、優秀なマネジャーが必要になると、いつも彼に連絡します。彼のところには準備のできた人材が必ずいますから」

若者はすっかり感心して、時間をとってくれたことをリズに感謝した。今回だけは、帰ってきた答えが少し違っていた。

「今日のうちにお会いできてよかったです。今週はスケジュールがいっぱいでしたから。新1分間マネジャーの最近の仕事ぶりも見にいけるといいのですが、会いたいと思っても時間がなくて」

若者はにっこりして言った。「彼の新たな秘密を見つけたら、プレゼントしますよ。ちょうど彼が秘密を教えてくれたようにね」

「ありがたいプレゼントですね」リズはにっこり笑った。そして雑然としたオフィスを眺めまわしてため息をついた。「ともかく私には助けが必要ですから」

リズのオフィスをあとにして建物から出てくると、若者は信じられないというふうに首を振った。あのマネジャーがますます魅力的に感じられた。

明日はいよいよ第3の秘訣を教えてもらうのだと思うと、その夜はなかなか寝付けなかった。

4

第3の秘訣「1分間修正」

翌朝、若者は9時きっかりにジョン・レヴィーのオフィスに着いた。例によって「たいした人物」という、いつものセリフを聞かされたが、今では心から「そうですね」と答えられるようになった。

ジョンは言った。「素晴らしい人物です。キャリアは長いけれど、時代とともに変化し、いつも新鮮さを保っています。進化を続け、どんどんシャープになっています。なかでも特筆すべき変化は、部下が間違ったやり方をしたときの対応のしかたです」

「間違ったやり方をしたとき？　この組織のモットーは『部下が正しいやり方をして

いるところを見つける』でしたよね」

「そのとおりなのですが……」ジョンは言った。「まずお断りしておきますが、私はこの組織に長くいて、担当業務に関しては表も裏もわかっています。したがって、1分間目標や1分間称賛の段階でマネジャーにつきっきりで指導してもらう必要はありません。実際、1分間目標はマネジャーと会う前に書き上げてしまい、実際の面談ではいきなり目標の検討に入ります」

「目標はひとつひとつ別の紙に書くのですか」

「はい。せいぜい1段落か2段落だから、検討には1分ほどしかかかりません。私はこの仕事を好きだし、得意でもある。自分で自分に称賛を与えることもできます。そもそも自分以上に自分を信じられる者がいるでしょうか。もちろん私は〝他人〟も信じますけれどね」

「では、マネジャーはあなたのことをほめないのですね」

「ときにはほめてくれます。でも私のほうが先手を打つので、その必要はほとんどありません。特別によい仕事をしたときは、こちらから称賛を要求します」

「よくもそんな大胆なことができますね」

「これは勝つか引き分けしかない賭けのようなものです。マネジャーから称賛がもらえたら私の勝ち。もらえなかったら引き分け。ダメ元で要求しないと、待っていても手に入りません」

若者はにっこり笑った。「同感です。でも、仕事に失敗したときは、どうするのですか」

「もちろん、ミスは必ずおきます。私自身やチームの誰かが重大なミスを犯したら、1分間修正を行います」

「1分間なんですって？」

「1分間修正。第3の秘訣の新バージョンです。1分間称賛と同時に、ミスが起きたら1分間修正によって修正を行わないと、効果はあがりません。人からミスを指摘されるのは愉快なことではありませんが、1分間修正によって軌道修正をすれば、目標は達成できます。そして自分自身も組織も、ともに成功を手にできるのです。

この組織がトップダウン型のマネジメントを行っていた時代、この第3の秘訣は

『1分間叱責』と呼ばれていて、当時はそれが非常に効果的でした。けれど新1分間マネジャーが、状況の変化に合わせて新しく適応させたのです」

「適応？」

「そうです。今の時代は、より少ない資源で、より速く、よりよい結果を出さなければなりません。しかも人々は仕事にこれまで以上の満足とやりがいを求めています。変化の激しい現代では、誰もが学習を求められます。自分は専門家のつもりでも、一日たてば専門分野そのものが消滅してしまうことだってあるのです。1分間修正を受けると自分のどこを変えるべきかがわかり、よい勉強になります」

「1分間修正は、どのように行うのですか」

「とても簡単です」

「そうおっしゃると思っていました！」

ジョンは笑いながら続けた。「私が何かミスをしたら、マネジャーはすぐに反応します」

「どんなふうに？」

「第1に、ふたりで決めた目標が明確だったかどうかを確認します。明確でないのは、マネジャーの責任なので、あらためて目標を明確化します。次に、前半と後半に分けて1分間修正を行います。前半は私のミスに、後半は私自身に焦点をあてます」

「どういうときに1分間修正を行うのですか」

「ミスを見つけたらすぐです。私に事実関係を確認したうえで、一緒にどこが悪かったかを考えます。検証は非常に具体的に行います。

その後、私のミスに対して、あるいは組織の業績に及ぼす影響に対して、マネジャーがどう〝感じて〟いるかを述べます。かなり厳しい言い方をするときもあります。マネジャーは自分の考えを言ったあと、何秒間か沈黙して相手に考える時間を与えます。この静寂の時間が意外に重要なのです」

「なぜですか」

「しばしの沈黙の間に、自分のミスに思いをめぐらせ、そのミスが自分自身や組織にどんな影響を与えるかを考えられるからです」

「沈黙はどのくらい続きますか」

「ほんの数秒ですが、ミスを指摘される側にはもっと長く感じられます」

ジョンはさらに続けた。「1分間修正の後半では、ミスは取り返せること、私への信頼は揺るがないことをマネジャーが伝えます。ミスが繰り返されることはないと信じ、今後も一緒に仕事をするのを楽しみにしていると伝えます」

「1分間修正は、自分のしたことを振り返る機会になっているのですね」

ジョンはうなずいた。「そのとおりです」

「1分間修正の使い方のコツを、もう少し教えてくれませんか」

「わかりました。まず、マネジャーは私の間違ったところを具体的に指摘します。自分は見ているぞ、私も含めてチームがお粗末な仕事をするのを許さないぞ、ということを伝えるのです。ただし締めくくりで私やチームを高く評価していることを伝えるので、反発したり、かたくなになったりすることはなく、ミスを他人のせいにして正当化したりすることもありません。

もちろん、目標が全員に徹底されていない場合はマネジャーが責任をとってくれるという安心感もあります。その点でマネジャーの誠意を感じます。

1分間修正はたった1分で完結してあとを引きません。それでいて頭に残るし、最後は協力的な雰囲気で終わるので、スムーズに仕事に戻れます」

「私も身に覚えがあります」と若者が言った。「実をいうと……」

ジョンがさえぎった。「まさか、自分の代わりに決めてほしいと、マネジャーに頼んだのではないでしょうね」

若者は恥ずかしそうに「ええ」と答えた。

ジョンはクスリと笑った。「それなら、1分間修正を受ける側の気持ちはわかりますね。もちろん、あなたにはさほど厳しくなかったでしょうが。この組織の流儀をよく知らない人間が1分間修正を受ける場合、やる気を失わないようおだやかに話すというのが、暗黙の了解になっています。その人に自信をもたせて、結果を出すというのが、私たちの目標ですから」

「確かにあまり厳しくなかったかもしれません。それでも、二度とやるまいと思いましたよ」

若者はさらに質問した。「マネジャーもミスをするのですか。完璧な人間のように見えますが」

　ジョンは笑った。

「もちろん彼だって間違うことはあります。人間ですからね。でも自分の間違いを認めるのも早いのです。私たちにも、自分のミスに気づいたらすぐ指摘してほしいと言っています。実際ミスは少ないのですが、指摘されることでミスを未然に防げるそうです。こういうところが、彼のもとで働きたくなる理由のひとつですね。

　マネジャーは突き放したような態度をとることもありますが、ユーモアのセンスがあるのが救いです。例をあげると、マネジャーは私のミスを見つけるのが実にうまいのですが、1分間修正の後半でフォローするのを忘れることがあります」

「ミスはしても人間そのものは評価するという部分ですか」

「そうです。彼が忘れると、私のほうから催促してからかうのです」

「ほんとうですか？」

「もちろん、まずは自分のどこが悪かったか、何を変えればよいのかをじっくり考えます。つい先日も、自分が間違っていました、二度と同じミスは繰り返しませんと電話で報告したのです。そして冗談めかして言いました。1分間修正の肯定の部分をお願いします、私の自信を高めてくれませんか、マネジャーは忘れておられるようですが、とね」

「マネジャーの反応は？」

「笑って謝っていました。ミスをしても信頼は変わらないと伝えるつもりだったと。電話を切るときには、私もすっかり気分がよくなっていました」

「素晴らしい話ですね」

「そうですね、マネジャーがユーモアのセンスを忘れずにいてくれると、マネジャー自身も周囲も仕事がしやすくなります。ミスをした自分を笑い飛ばすこと、そしてさらによい仕事をすることでミスを克服せよというのが、彼の教えです」

「すごいですね！　どうすれば、そんなふうになれるのでしょう」

「私はマネジャーを見習いました」

こんなマネジャーがどれほど得がたい存在であるか、若者にもわかりはじめていた。

「第3の秘訣も、1分間方式のリーダーシップやマネジメントの延長ですね。1分間目標は何が一番重要かを明確にして、そこにフォーカスする。1分間称賛は部下に自信をつけさせて成功に導く。1分間修正は自分のミスと向き合わせる。3つのいずれもが、部下を満足させると同時に結果をも生み出します。この3つを組み合わせると、どうしてそんなに効果が上がるのでしょう」

「その質問には、新1分間マネジャー本人に答えてもらいましょう」ジョンは立ち上がり、若者を出口へと案内した。

若者は時間をとってくれたことに感謝した。

ジョンは微笑んだ。「時間について私がどう答えるか、わかっていますね」

ふたりはどっと笑った。もはや訪問者ではなく仲間のひとりになった気がして、若者は気分爽快だった。

廊下に出たとたん、ジョンが短い時間でいかにたくさんの情報を与えてくれたかに気づいた。

ミスを犯したとき、1分間修正をどのように役立てるか、若者は忘れないうちにメモをとった。

1分間修正の効果的な活用法（目標が明確な場合）

【最初の30秒】

①1分間修正はなるべく早く行う。

②事実を確認したうえで、一緒にミスを振り返る。検証は具体的に。

③部下のミスと、それが結果に及ぼす影響について、自分がどう〝感じて〟いるかを伝える。

【小休止】

④少しの間沈黙して、自分のミスと向き合わせる。

【後半の30秒】

⑤ミスは取り返せること、人間として評価していることを伝える。

⑥信頼していること、部下の成功を応援していることを伝える。

⑦1分間修正が終わればそこで完結し、いつまでも引きずらないようにする。

自ら経験していなかったら、1分間修正の効果は信じられなかったかもしれない。あのときのマネジャーの指摘は寛大なものだったとはいえ、二度と同じ目にあいたくないと思ったからだ。

とはいえ、ミスは避けられないものだ。そして自分がこのマネジャーの部下として重大なミスを犯したら、1分間修正はもっと厳しいものになるだろう。それでも不安には思わなかった。指摘が公正なものであることを知っていたからだ。

マネジャーのオフィスに戻りながら、若者は1分間マネジメントの驚くべき威力について、そしてそれが変化する世界に合わせていかに改良されてきたかについて考えつづけていた。

確かに3つの秘訣はどれも理屈がとおっている。しかし、実質的な結果を出せているのはなぜなのか。

そして1分間マネジャーが新1分間マネジャーとなっても、相変わらず組織で最も高い生産性をあげ、尊敬を受けつづけているのはなぜなのだろうか。

第 3 章

The New One Minute Manager

抜群の成果をあげる仕組みとは

1

新1分間マネジャーに成功の秘密を聞く

マネジャーのオフィスに着くと、アシスタントのコートニーが声をかけた。「いつになったら戻るのかと、お待ちかねでしたよ」

オフィスに入ると、すべてがすっきり整頓されていることにあらためて気がついた。

マネジャーは温かい笑顔で出迎えてくれた。「組織内をめぐる旅で、何か見つかりましたか」

「ええ、ものすごくたくさん！」

「何を発見したのか教えてください」

「あなたがなぜ新1分間マネジャーと呼ばれるのかわかりました。変化に合わせて3つの秘訣をたえず適応させているからです。

1分間目標はあなたとチームメンバーが協力して設定し、部下の責任範囲を明確にし、すぐれたパフォーマンスとはどのようなものかを示してあげます。次に、部下が正しいやり方をしているところを見つけて、1分間称賛を行います。部下がミスを犯した場合は、1分間修正を行います」

「3つの秘訣について、どう思いましたか」

「短時間でできて、しかも効果が高いことに驚きました」

若者は一瞬ためらった。「失礼な質問かもしれませんが、本当に、たった1分間でマネジャーの務めはすべて果たせると思っているのですか」

マネジャーは笑った。

「もちろん、そんなことは思っていません。ただ、複雑な仕事が管理しやすくなるのは確かです。目標を見直し、部下の現状にフィードバックを与えるのに、たいていは1分しかかかりませんから。3つの秘訣にかかる時間は仕事全体の20%にすぎませんが、目指す結果の80％が得られます。いわゆる80対20の法則です」

マネジャーは続けた。「ほかに気づいたことは？」

「みんな仕事を楽しんでいるようだし、あなたもそれぞれの部下と協力して抜群の結果を出しています。あなたの場合は、間違いなく有効だということはわかります」

マネジャーは励ますように言った。「あなたにだって有効ですよ」

「そうかもしれません。でも〝なぜ〟効果があるのかわかれば、もっとやってみたくなると思います」

「確かに、誰でもそうです。〝なぜ〟効果があるのかわかっているほうが、やってみようという気持ちになるものです。私のパソコンに入れている格言をお見せしましょう」

若者は画面をのぞきこんだ。

「私にとって最もすぐれた1分間は部下のために使う1分間だ。」

「皮肉なことに、ほとんどの企業が資金の大半を従業員の給与にあて、従業員を育てるために使う予算はほんのわずかです。実際、大半の企業が人材育成より建物やテクノロジー、設備の維持に金と時間をかけています」

「そのことには気づきませんでした」若者は素直に認めた。「結果を出すのは人なのだから、人に投資するほうがよいに決まっています」

「そのとおり」マネジャーはそう言って、打ち明け話を始めた。「私自身、働き始めた当時、私という人間に時間や金を費やしてくれる人がもっと早く現れていたら、どんなによかったかと思います」

「どういう意味ですか」

「以前に働いていた組織では、何を期待されているのかわからないことが多かったし、誰も何も教えてくれませんでした。その当時、よい仕事をしているかと尋ねられたら、『わかりません』とか『たぶん』とか答えるしかありませんでした。なぜ『たぶん』なのかと聞かれたら、『最近ボスに叱られていないから』とか『何もないのはいい知らせだから』とか答えるしかなかったでしょう。まるで罰を受けないことだけが働く動機のようでした」

「それで違うマネジメント法を目指したのですね。でも、それだけでは3つの秘訣に効果がある理由がわかりません。例えば1分間目標については、どうして効果があるのでしょう」

2

なぜ1分間目標で成果があがるのか

「1分間目標を設定すると、どうして効果があがるのか知りたいのですね」マネジャーは若者の質問を復唱した。「わかりました」そう言うと、マネジャーは立ち上がって部屋のなかをゆっくりと歩き始めた。

「こんなたとえが役立つかもしれません。私は長年の間にあちこちの組織で働き、やる気のない従業員をたくさん見てきました。ところが、職場の外でやる気のない人というのはあまり見かけませんでした。何年も前のことですが、ある晩、ボウリングをしていて、元いた会社の『問題社員』たちに出くわしました。なかでもとくに忘れられない問題社員がボールを投げたあと、大声をあげて飛び回りはじめました。なぜそんなに喜んでいたと思いますか」

「ピンを全部倒してストライクをとったからでしょう」

「そのとおり。彼のような人間が、仕事にも同じように情熱をもたないのはなぜだと思いますか」

若者は少し考えてから答えた。「仕事ではピンがどこにあるかわからない、つまり何を目指せばよいかわからないからでしょう。そうだ、ピンが見えなかったら、ボウリングなんてすぐにやめてしまうでしょう」

「そのとおりです」1分間マネジャーは続けた。

「多くのマネジャーは、部下は何を目指すべきかを知っていると、誤って思い込んでいます。部下は何を期待されているかを知っていると仮定するのは、ゲームとして成立しないボウリングをやるようなものです。ピンは立っているが、いざ投げようとするとピンの手前に幕がかかっている。投げたボールは幕の下をすりぬけてピンが倒れる音がするけれど、何本倒れたかはわからない。プレイヤーに結果を尋ねたら、『わかりませんが、すかっとしました』などと答えるでしょう。

夜中にゴルフをするのも同じです。ゴルフをやめてしまった友人がたくさんいるので、理由を尋ねると『コースが混んでいるから』と答えます。それなら夜間を利用してはどうかというと、笑われてしまいました。ボールがよく見えないのに、ゴルフなんてできるわけがないというのです。チームスポーツの観戦も同じです。得点を数えないとしたら、2つのチームが戦っているのを見たいと思うでしょうか」

「そうですね。でも、それはなぜなのでしょう」若者が問い返した。

「なぜなら、人間にとって最大の動機づけは結果に対するフィードバックだからです。人は自分の評価を知りたいのです。ついでにもうひとつ、興味深い格言をあげておきましょう。『勝者にとってフィードバックは朝食のように欠かせないものだ』。フィードバックがあるから、私たちはがんばれるのです。

残念なことに、結果へのフィードバックが最大の動機づけであることを知っているマネジャーでさえ、ボウリングの第3の形式を選んでしまうことが多いのです。つまりプレイヤーがラインに立ってボールを投げようとするとき、ピンの手前に幕がかかっている点は同じですが、今度は新しい要素が加わります。幕の向こう側に監督が立っているのです。ボールを投げるとピンが倒れる音がして、監督が指を2本立ててピンが2本倒れたことを知らせます。でも現実には、マネジャーは『2本倒れた』と言うでしょうか」

「いいえ」若者はにっこりして言った。「『8本も残っている』と言うでしょう」

「そのとおり！　私はいつもこう質問するのです。『どうして監督は幕をあげて、プレイヤーにもピンが見えるようにしないのか』と。答えは、業績評価という偉大な伝統行事があるからなのです」

「業績評価があるから？」若者は思わずつぶやいた。

「ほとんどの人が、業績評価で間違ったやり方を指摘されるまで、自分が何を期待されているかわからない。これはいったいどういうことでしょう。そしてボーナスももらえない、昇格もないとわかったとき、その人はどう思うでしょう。仕事を変えたいと思うようになるまで、どれくらいかかると思いますか」

「1分間！」若者がおどけていった。

マネジャーは声をあげて笑った。

「どうして部下をそんな目にあわせるのでしょう」若者が尋ねた。

「いいところを見せるためです」

「どういう意味ですか」

「部下の業績評価をのきなみ最高レベルに査定したら、上層部からどう見られると思いますか」

「まのぬけたお人よしと見られるでしょう。すぐれたパフォーマンスとお粗末なパフォーマンスの違いも見分けられない人間だと」

「そのとおりです。ほとんどの組織でマネジャーとして評価されるには、部下のミスを見つけないといけないのです。少数の優等生、少数の落ちこぼれ、そして残りは中間層というふうに分けないといけないのです。

　息子の学校を訪ねたときのことです。5年生の担任の先生が地理の試験をやっていました。私は尋ねました。試験中に地図を使わせないのはなぜですかと。彼女は『全員が100点をとると困るから』と答えました。まるで全員がよい成績をとるのは悪いことと言わんばかりです。資料を与えても使いこなせない子もいるから、全員が優の成績をとれるとは限りません。それでも、全員に優をとるチャンスを与える試験にして、なぜ悪いのでしょう」

マネジャーはさらに続けた。

「こんなことを本で読んだことがあります。誰もが自分の電話番号を暗唱していた時代に、ある人がアインシュタインに電話番号を尋ねました。すると彼は電話帳を探し始めたそうです。アインシュタインは調べればわかることに頭を使いたくなかったといいます。

さて、そういう事情を知らないとして、この時代に電話帳を見ないと自分の番号がわからない人がいたら、どう思いますか。優等生、それとも落第生？」

若者はにっこり笑って答えた。「落第生でしょう」

「そうですね。私もそう思うでしょう。でも、実際は、私たちふたりとも間違っている」

若者はうなずいた。

「誰でも見かけで相手を判断しがちです」マネジャーはそう言って、パソコンの画面を開いて見せた。「これを見てください」

「誰もが
優等生になる可能性をもっている。
人によっては
一見、落第生に
見える人もいる。

見かけに
だまされては
いけない。

「マネジャーには3つの選択肢があります。第1は、最初から優秀な人材を雇うこと。ただし、なかなか見つからず、見つかってもお金がかかります。第2に、優秀な人材を見つけられなかったら、そうなる可能性のある人を雇うことです。そして、この人が優秀な人材になれるような体制を整えます。

この2つの選択肢をとらない場合はどうするか——実際、お金をかけて優秀な人材を雇ったり、時間をかけて優秀な人材を育てたりしたがらないマネジャーが多いのにはいつも驚かされます——そのような場合には第3の方法、つまり『お祈り』しかありません」

若者は驚いて言った。「お祈り？」

マネジャーはくすくす笑った。「冗談ですよ。でもよく考えると、そんなふうに毎日お祈りしているマネジャーが大勢います。『どうか、あいつが仕事を覚えますように』とね」

若者も笑った。「最初から優等生を選べば、1分間マネジャーは楽ですね」

「もちろん」マネジャーはにっこりした。「1分間目標を立てて、あとはひとりでやらせればよい」

「ジョン・レヴィーによれば、彼との間ではそれすら必要ないようですね」

「そのとおり。組織内であれほどなんでも知っている人はいません。しかし優等生であろうと、優等生になりうる人であろうと、戦略的に1分間目標を立てることが生産的な行動のための基本ツールであることに変わりはありません」

「1分間目標を立てるのがマネジャー主導であろうと本人主導であろうと、目標ひとつあたり、期日も含めて1ページというルールは変わらないのですよね」

「そのとおりです」

「なぜですか」

「目標を毎日、短時間で見直し、現在の行動と目標が一致しているか、確認できるようにするためです」

「目標や業務のなかでも重要なものに絞り込み、仕事のあらゆる側面について目標を立てさせたりはしないのですよね」

「そうです。目標がたくさんありすぎて、ひきだしにしまいこまれ、年に一度、業績評価や翌年の目標を設定するときにしか見直されないようでは困るからです。もう目にされたかもしれませんが、私たちのチームではこんな格言を常に手元に置いています」そう言ってマネジャーは1枚のカードを差し出した。

「1分間かけて
目標を見直そう。
次に、
現状を振り返ろう。
そして両者が一致しているか
確かめよう。」

その言葉の単純さと力強さに若者は感銘を受けた。

「コピーをもらってもいいですか」

「いいですよ」

マネジャー志望の若者は教わったことをメモしながら言った。

「1分間マネジメントのすべてを学ぶには、とうてい時間が足りません。1分間目標についてもまだまだ学びたいところですが、そろそろ1分間称賛に話を移してもいいですか」

「もちろんです。1分間称賛についても、どうして効果があるのか不思議に思っているのでしょう」

「確かにほめられるのが嫌いな人はいないと思います。でもそのうちに、お世辞ではないかと疑い始めるのでは？」

マネジャーは答えた。「それは称賛に根拠があるかどうか、心からのものであるかどうかによります」

3

覚えたての段階では、ほめることが大切

「いくつか例をあげましょう。そうすれば1分間称賛がなぜこれほど効果があるのかはっきりするかもしれません」

「お願いします」

「ひとつの例は、子どもが歩き始めるときの助け方です。子どもを立たせて『さあ歩きなさい』と言いますか？　そして子どもが転んだら、つかまえてお尻を叩き、『歩けと言ったでしょう！』と叱りますか？　むしろ子どもを立たせて、最初の日はちょっとぐらぐらしても、親は大喜びして『立った、立った！』と叫んで抱きしめる

のではないでしょうか。翌日になると、子どもは少しもちこたえて、よろめきながら一歩を踏み出す。そうすると親は子どもにキスの雨を降らせます。そこで子どもは、これはすごいことなのだと気づき、立てるようになり、ついには歩き始めるのです。

子どもに言葉を教えるときも同じです。例えば『お水ください』と言わせたいとします。完全に言えるまで水をあげないとすれば、子どもは脱水で死んでしまいます。だから、まず『みず、みず』と話しかけます。そしてある日突然、子どもは『みじゅ』と言い始めます。親は飛びあがって喜び、子どもにキスをして、おばあちゃんに電話して、電話口で『みじゅ』と言わせようとするでしょう。まだ完全な『みず』になっていませんが、おおむね言えています。それでも、21歳になってレストランで『おみじゅ』と言うようでは困るので、しばらくしたら『みず』と言ったときだけ水をあげるようにし、その次には『ください』を教えます。

こうした例からわかるのは、人を成功に導くうえで最も大切なこと、そして自然なことは、最初のうちは〝おおむね〟正しいやり方をしていたら受け入れるということです。その後、望ましい結果へと進んでいけばよいのです」

「では正しいやり方を覚えるまで、最初のうちは、おおむね正しいやり方でもほめてあげるのがポイントですね」

「そのとおりです」マネジャーは言った。「段階的に目標を立てていけば、個々の目標はより達成しやすくなります。仕事でも家庭でも、優秀な人材が正しいやり方をしているのをほめるのは、さほど頻繁でなくてかまいません。能力の高い人は、正しいやり方をしていることが〝自分で〟わかるからです。しかし学習中の人にとっては、称賛や激励が力になります」

若者は尋ねた。「だから新しく入ったメンバーや、経験のあるメンバーでも新しいプロジェクトに取り組む場合、初めのうちしっかり観察するのはそのためですね」

「そうです。たいていのマネジャーは、完璧に正しいやり方ができるようになるまでほめようとしません。その結果、多くの部下がハイパフォーマンスに到達できずに終わる。マネジャーがあら捜しばかりするからです。最終目標と少しでも違えば、間違いと見なされてしまうのです」

「それではあまり効果があがらないでしょうね」若者はそう分析した。

「そのとおりです。残念ながら実に多くの組織が、新しく入った経験の浅い人間にそういう対応をしています。歓迎し、みんなに紹介し、そのあとはほったらかしです。おおむね正しいやり方をしてもほめないだけでなく、定期的にお尻を叩いて、意味もなく追い立てるのです。長年こうしたマネジメントスタイルが支持されてきました。私はこれを『ほったらかしてバッサリ』式マネジメントと呼んでいます。部下をほったらかして高いパフォーマンスを期待し、期待に添えないとバッサリ叩くのです」

「そういう扱いを受けた部下はどうなりますか」

「組織に属したことがある人間ならわかります。あなたもたくさんの組織を訪問したからおわかりでしょう。そういう部下は最低限のことしかやらなくなります」

若者は笑った。「おっしゃるとおりです。この目で見ました。そういうマネジャーのもとで働いてみれば、多くの人が仕事を楽しめない理由がよくわかります」

マネジャーはうなずいた。「まったくです。部下は仕事に情熱を失い、よい仕事をしようという意欲もなくなります」

「1分間称賛がどうしてこんなに効果的なのか、少しわかってきました。間違いばかりに注目するより、正しい行動をほめるほうがよいに決まっています」

若者はさらに続けた。「急にある友人のことを思い出しました。ペットを飼い始めて、家で訓練するいい方法を思いついたといって、意見を聞かれたのです」

「いやな予感がしますね。でも、どういう訓練法なのでしょう」

「犬が絨毯の上で粗相をしたら、つかまえて無理やりにおいをかがせ、新聞紙でお尻を叩き、台所の窓から庭にほうりなげて、本来どこで用を足すべきかを教えるというのです」

マネジャーは笑いだした。

「『結果はどうなったと思う?』と友人が聞くので、笑ってしまいました。結末は予想できたし、実際そのとおりだったのです。3日ほどたつと、犬は床にうんちをしたあと窓から外に飛び出すようになりました。何をどう変えればいいかはわからないが、その場を退去したほうがいいことだけは理解したのです」

マネジャーはそのとおり、とばかりにうなずいた。

「素晴らしい話だ。学習中の人に、懲罰は役立たないということです。経験が浅くて勉強中の人は、罰を与えるより軌道修正をしてあげるべきです。まず1分間目標をより明確なものに作り直し、何が期待されているか、すぐれたパフォーマンスとは何かを理解させるのです」

「そのうえで、おおむね正しいやり方をしたときにほめるのですね」

「そのとおり。最初のうちは、1分間称賛を与えるべき状況が起きていないか、常に目を配ることです」

マネジャーは相手の目をまっすぐ見て言った。「あなたは実に熱心で、わかりの速い学習者ですね。1分間マネジメントの秘訣を喜んで伝授したくなります」

ふたりは顔を見合わせてにっこりした。1分間称賛が行われたことに、すぐにピンと来たからだ。

「個人的には1分間修正より称賛のほうが好きですが……」若者が言った。「1分間目標と1分間称賛が効果的である理由はわかりました。実に理にかなったやり方なのですね。でも、1分間修正にはどうして効果があるのでしょう」

4

1分間修正の裏にあるもの

マネジャーは説明を始めた。

「1分間修正が多大な効果をあげるには、条件がいくつかあるのです。第1に、早めにミスを見つけて、こまめにフィードバックを与えていくことです。

たいていのマネジャーは、一度にたくさんのフィードバックを与えすぎます。誤った行動を見つけても黙認しつづけると、不満がたまってしまいます。こういうマネジャーは、業績評価のころには不満がたまって不機嫌になります。そして抑制がきかなくなって、一挙にぶちまけてしまうのです。何週間も前、あるいは何カ月も前のミスをいちいち指摘してしまいます。非難したい気持ちをためこむのは部下のためにならないし、効果もあがりません」

若者は深いため息をついた。「おっしゃるとおりです。家庭でもよくあることです」

「確かに親子や夫婦の間でもありますね。そして結果も同じようによくない。ついには意見が食い違ったり、あるいは逆に黙りこんで敵意を抱いたりする。フィードバックを受けてもかたくなに心を閉ざし、自分のミスを素直に認めなくなります。これもまた、『ほったらかしてバッサリ』式のコミュニケーションの一種です。

マネジャーが早め早めに対処すれば、ひとつひとつの行動に順を追って対応できるので、部下が混乱することもないし、フィードバックも素直に受け止めてもらえるでしょう。業績評価は年1回でなく、日々継続的に行うべきだという私の考えは、そこから来ているのです」

「1分間修正に効果があるのはそのせいなのですね。マネジャーが部下の行動を公平に、明快に判断する、それもひとつひとつ順番に。だからフィードバックを受けるほうも聞く耳をもつのですね」

「そうです。間違った行動はやめさせないといけませんが、一方ですぐれた人材は維持しなければならない。だからミスしたからと言って攻撃してはいけないのです」

「1分間修正の後半で必ずほめるようにしているのは、そのためですね」

「そうです。目指すべきは部下に自信をつけさせることであって、自信を打ち砕くことではありません。人は自己概念を否定されると、自己や自分の行動を弁護しようとして、事実をねじ曲げることさえあります。防衛的になると人は学ばなくなるのです。だから行動と、人間としての価値は別々に扱わないといけません。ミスを指摘したあとに相手の人間性を肯定すれば、行動のほうに焦点があたって、個人攻撃に陥らずにすみます。

マネジャーがいなくなったとたん、ひどい仕打ちを受けたと同僚にこぼしたり、やり方を批判したりするのではなく、自分自身の行動に意識を向け、関心をもってもらわなければなりません。そうでなければ、部下は自分のミスにいっさい責任を取らず、マネジャーが悪役にされるだけです」

若者は尋ねた。「1分間修正では、称賛を先にして、あとから間違いを指摘してもよいのでは？」

「いくつかの理由で、それはうまくいきません。それで思い出しましたが、私のことを〝やさしくて厳しい〟マネジャーと言う人がいますが、実際は〝厳しくてやさしい〟のです」

「厳しくてやさしい？」

「そうです。その順番です。これは文字通り何千年にもわたって受け継がれてきた古い教えであり、古代中国から伝わるある物語に象徴されています。

昔々、皇帝が補佐官を任命しました。この人を宰相に任じて、こう言いました。『お互い仕事を分担しようではないか。お前はあらゆる懲罰を、私はあらゆる褒賞を担当しよう』。宰相は答えました。『けっこうです。私があらゆる懲罰を行い、陛下があらゆる褒賞を行うことにしましょう』と」

「この話、おもしろそうですね」

「きっと気に入ると思いますよ」1分間マネジャーはいたずらっぽく微笑んだ。

「さて皇帝は、自分が何かを命じると、従う者と従わない者がいることに気づきました。一方、宰相が命じると、人々は必ず行動を起こしました。そこで皇帝は宰相を呼んで言いました。『仕事の分担をやり直そう。お前はずっと懲罰を担当してきたから、今度は私が懲罰を行い、お前は褒賞を行うことにしよう』こうして宰相と皇帝は役割を交換しました。

ひと月もたたないうちに反乱がおこりました。皇帝はやさしく、誰にでも褒賞を与え、親切だったのに、急に人々を罰しはじめたのです。人々は言いました。『あの老いぼれはどうなっているのだ』と。そして皇帝の座から追放してしまいました。

後継者を探すことになって、人々は言いました。『最近、心を入れ替えた者と言えば、あの宰相ではないか』と。そして彼を皇帝にしたのです」

「本当にあった話ですか」

「わかりません」マネジャーは笑った。「でも真面目な話、これだけは確かです。最初は相手の行動に対して厳しく、あとで相手の人格に対して優しくするほうがうまくいくのです」

「1分間修正が効果をあげた現代の例はありませんか。ビジネスの世界でなくてもかまいません」

「ありますよ。全国のスポーツ指導者が、1分間修正と似たような方法で選手のパフォーマンスを高めています。例えば有名な大学バスケットボール部の監督から聞いたのですが、この方法を使ってチームを優勝させたそうです」

「いったいどうやって？」

「チームで最も優秀な選手が、大事な試合でひどいプレーをしました。すぐに修正しなければチームは負けそうです。そこで監督はこの選手をベンチに下げたのです」

「〝いちばん優秀な〟選手をですか？」若者は問い返した。「大事な試合で、どうして優秀な選手をメンバーから外したのでしょう」

「というより、外さざるをえなかったのです。この選手が最高のプレーをしないかぎり、試合には勝てないし、優勝を争うこともできません。そこで監督は、ベンチに下がった選手にどこが悪かったかを指摘しました。『きみは簡単なシュートを外した。リバウンドをとれなかった。ディフェンスでも手をぬいた。やる気が感じられず、私は腹立たしく思っている』と。

そして少し間を置いたあと、『きみならもっとやれるはずだ。本来の力を出しきる気持ちの準備ができるまで、ベンチで控えていなさい』

どれほど時間が経ったでしょうか。選手はようやく立ち上がり、監督のもとへ行って『気持ちの準備ができました』と告げたのです。

監督は答えました。『それならコートに戻り、実力を見せてほしい』と。

プレーを再開した選手はコートを縦横に走り回り、こぼれ球に飛びつき、リバウンドを奪い、シュートも正確さを取り戻しました。そのがんばりを見てチームメートも奮起し、試合に勝利したのです」

「その監督は、ジョン・レヴィーが教えてくれた3つの行動をとっていますね」若者が言った。「どこが悪かったのか指摘する。それについてどう感じているか伝える。そしてもっとやれるはずだと励ます。要するに、悪いのはパフォーマンスであって、〝人間そのもの〟ではないということです」

「まさにそのとおり。部下の行動と人間としての価値を別のものとして扱うのは、リーダーが肝に銘じるべき大切な心得です。本当に価値があるのは、自分自身の行動を管理する〝人間〟なのです。私たちが〝自ら〟の行動を管理するときにも、同じことが言えます。このことに気づけば……」

そう言ってマネジャーはパソコンを開いた。「1分間修正を真に効果的なものにするポイントがわかるでしょう」

「人の価値は行動で
決まるのではない。
自分の
行動を管理する
〝人間〟で決まるのだ。」

若者は言った。「1分間修正の裏には、敬意と思いやりがあるのですね」

「よいところに気づいてくれました。相手を尊敬するほうが、1分間修正はうまくいくのです」

若者はためらいながら次の質問をした。「1分間称賛や1分間修正に効果があるのはわかりましたが、その目的は部下を操って思い通り動かすことではありませんか」

「大変よい質問です。操るとは、相手をだまして自分に都合よく動かすことです。人を操ろうとすれば、ろくな仕事はできず、自分に跳ね返ってきます。

マネジャーがめざすべきは、部下自身が自分のマネジャーとなり、そのことに喜びを覚えるようにすることです。マネジャーがいなくても成功できるようにすることです。だからこそ、どんな行動を、どういう理由でとるつもりかを、最初から伝えておくことが重要なのです。

人生はすべてそうですが、うまくいくときといかないときがある。人と向き合うときは正直がいちばんです。おわかりでしょう、本心を偽っていれば、やがて部下との関係は破たんします」

「あなたのマネジメントスタイルの力がどこから来るのか、見えてきました。それは人を大切にするからですね」

「そのとおり。でも結果も大切にしていますよ！」

人と結果がどれほど密接に関連しているか、若者にははっきりとわかってきた。

この特別なマネジャーに初めて会ったとき、なんと無愛想な人かと感じたことが思い出される。

マネジャーは、若者の心を読んだかのように言った。

「大切だからこそ厳しくしなければならないときもあります。お粗末なパフォーマンスに対して厳しいのであって、人に対してではありません。もうおわかりでしょうが、ミスが問題なのではありません。ミスから学ばないことが真の問題なのです」

若者は尋ねた。「1分間修正を行ったあとも、同じミスを繰り返す場合はどうするのですか」

「それではお尋ねしますが、そういうときにマネジャーはどんな気持ちになると思いますか」

「がっかりして苛立ち、怒りさえ覚えるでしょう」

「そうですね。そういうときはひと休みして、冷静に状況を眺めるべきです。そうすれば感情に流されて、マネジャー自身までがミスを犯すこともありません。

1分間修正の目的は、部下に学びを促すことです。けれど学ぶことは学び、〝やればできる〟のは確かなのに、それでも〝やる気がない〟部下であるなら、組織に与える損害を考え、そんな人物をチームにとどめておく余裕があるかどうかを考えるべきでしょう」

若者はその説明に納得した。

今では新1分間マネジャーをますます好きになり、なぜみんなが彼のもとで喜んで働くのかも理解していた。部下たちはマネジャーの〝ため〟でなく、マネジャーと〝ともに〟働いているのだ。

若者は言った。「ひょっとしたら興味をもっていただけるかもしれません。目標と結果がどれほど関連しているか、1分間目標、1分間称賛、1分間修正がいかに連動していることを書きとめてみました」そういって、ノートを開いて見せた。

「目標によって
行動が
決まる。
結果によって
今後の行動が
決まる。」

「素晴らしい！」マネジャーが言った。

「本当に？」若者はもっとほめてもらいたくて尋ねた。

マネジャーはからかうように答えた。「私は人間録音機じゃありません。同じ言葉を何度も繰り返すほどひまではないのです」

もっと称賛がほしいと思った瞬間、またも1分間修正を受ける羽目に陥りそうな雲行きだ。

賢明な若者は素知らぬ顔でさらりと言い放った。「なんですって？」

ふたりはしばし顔を見合わせ、どっと笑いだした。

「きみのことが気に入りました。ここで働いたらどうですか」

若者は驚きのあまり目を丸くした。「あなたのためにですか？」勢い込んでそう尋ねた。

「いいえ、〝自分のために〟働くのです。チームのみんなと同じようにね。本心から他人のために働く人などいないでしょう。心の奥底では、みんな自分のために働きたいのです。

チームメンバーは互いにパートナーとして協力し、よりよいやり方を模索していま
す。私は彼らがよりよく働けるよう最善を尽くしています。そしてその過程で、全員
が仕事と人生をますます楽しんでいるし、組織にも大きな収益をもたらしています」

これこそまさに、若者がずっと前から探し求めてきたものだった。

「ここで働かせてください」若者は言った。

そして、そのとおりになった。

この革新的なマネジャーとともに働くことで、若者は大いなる恩恵を受けた。

そして、ついに起こるべきことが起こった。

彼もまた、新1分間マネジャーになったのである。

第 4 章

The New One Minute Manager

そして、また
新1分間マネジャーが
生まれた

1
新1分間マネジャーのゲームプラン

彼が新1分間マネジャーになったのは、考え方や言葉によってではない。リーダーシップとマネジメントにおいて、新1分間マネジャーになったのだ。

彼は何ごともシンプルを心がけた。

1分間目標を設定した。

1分間称賛を与えた。

1分間修正を行った。

簡潔に、重要な問いを発した。単純な真理を語り、笑い、働き、楽しんだ。

そして何より重要なこととして、彼はマネジャーであっただけでなく、部下の創造性を引き出し、新しいことに取り組むよう導いた。そして周囲の人々にも、それぞれの部下に同じことをするように勧めた。

みんなが新1分間マネジャーになるのを助けるため、ポケットサイズの「ゲームプラン」まで開発した。そして必要とする人に贈り、役立ててもらった。

次のページはその内容である。

新1分間マネジャーのゲームプラン

スタート

部下を成功に導くために何をするつもりか、最初から伝えておく。

↓

1分間目標

・明確な目標を立てる。
・正しい行動とはどのようなものかを見せる。
・目標を1ページに1項目ずつ書きだす。
・素早く、でも頻繁に目標を読み返す。
・自分の行動を振り返り、目標と一致しているかを確認するよう奨励する。
・一致しない場合、行動を切り替えて成功を達成できるよう促す。

↙ 目標を達成（または一部の目標を達成）

成功！

↓

1分間称賛

・行動をほめる。
・すぐほめる。具体的にほめる。
・どれほどうれしく感じているかを伝える。
・少し間を置いて、部下にも満足感を味わわせる。
・さらによい仕事を続けるよう励ます。

↓

さらなる成功へと進む

↘ 目標を達成できない

失敗

成功へ導くために

↓

1分間修正

・協力して目標を明確化する。
・事実関係を確認する。
・ミスをすぐに検証する。
・どれほど懸念しているかを伝える。
・少し間を置いて、部下にも不安を味わわせる。
・ミスは取り返せること、人間として評価していることを伝える。
・いつまでも引きずらない。

↓

よりよいパフォーマンスへと進む

2
あなた自身への贈り物

何年もたったあと、彼は1分間マネジャーの評判を初めて耳にしたときのことを思い返した。ずいぶん昔のことのように思えた。

最初に新1分間マネジャーに会ったころに比べ、組織にはいちだんと機動性・即応性が求められていた。だからこの特別なマネジャーが惜しみなく時間を割き、知識を与えてくれたことを心から感謝した。その教えはきわめて貴重なものだった。

自分が学んだことをみんなに分かち合うという約束を忘れず、彼は当時書き取ったメモに手を加えて、チームメンバーたちに配布した。

それを読んだ部下たちは、３つの秘訣を用いていかに効果があがったかを報告してくれた。

とくに１分間称賛を、効果的な１分間修正と組み合わせることで、目標を達成するまでの期間を大幅に短縮できたという。

１分間マネジメントの原理を家庭に応用して、家族同士で正しいやり方をしているところをほめ合って楽しんでいると話す者もいた。

リズ・アキノも訪ねてきた。「３つの秘訣について教えてくれてありがとう。おかげで、すっかり時間に余裕ができました」

彼は答えた。「お礼を言うなら、新１分間マネジャーに」と。

デスクに向かいながら、彼は自分がいかに幸運だったかを実感していた。

今では考えたり計画したりする時間をもてるようになり、組織が最も必要としているサポートを提供できる。

家族や趣味に費やす時間も増えた。リラックスする時間もとれている。ほかのマネジャーに比べてストレスが少ないこともありがたかった。

チームメンバーたちは高い実績をあげ、彼の部署は人事面で損失を出すことはあまりなく、病気やずる休みも少なかった。

今から思うと、たとえ〝完璧〟にマスターしていなくても、早い段階から1分間マネジメントを導入してよかったと思う。

チームメンバーにもこう断っていた。「部下の能力をほめたり、部下をどう思っているかを伝えたりするのは得意ではありません。1分間修正のときも、部下を評価し、好意的に見ているとと伝えるのを忘れないか、自信がないのです」

だから部下から「大丈夫ですよ、やってみましょう！」と励まされて、思わず笑みがこぼれた。

こういうマネジャーでかまわないかと正直に尋ねること、そして常に正しくやれるとは限らないと認めることで、彼は重要な何かを実現した。

部下はマネジャーが心から自分の側に立ってくれることを最初から知らされていた。そのことが大いなる結果を生み出したのだ。

3

ほかのみなさんへの贈り物

思いにふけっていると、不意に電話が鳴った。

アシスタントからだ。「おはようございます。わが社のマネジメントについて、会ってお話ししたいという若い女性からの電話です」

彼は若いころの経験を思い出して微笑んだ。

「喜んでお会いしましょう」

その後、この賢明な若い女性との面談で彼は言った。

「リーダーシップとマネジメントについて、私の学んできたことをお伝えできることをうれしく思います」

そして椅子を勧めながら言った。

「ひとつだけお願いしたいことがあります」

「なんでしょう」

「簡単なことです。お教えしたことが役に立ったら、**ほかのみなさんにも伝えてください**」

解説

本書は、ケン・ブランチャードとスペンサー・ジョンソンの共著である古典的なベストセラーの新版として上梓された。

著者のケン・ブランチャードは１９３９年生まれで、フルネームはケネス・ハートリー・ブランチャードという。コーネル大学卒で教育行政学とリーダーシップを専攻した。大学院レベルでは、コルゲート大学から社会学とカウンセリングの分野で修士号を取得し、コーネル大学で教育行政とリーダーシップの領域において博士号を取得している。また、42の言語に翻訳されて１５００万部も読まれた『1分間マネジャー』をはじめ、著作の売上げは合計で２１００万部にも及んでいる。

もうひとりの著者、スペンサー・ジョンソンは１９４０年生まれ。南カリフォルニア大学にて心理学学士号を取得して医師になる。大ベストセラーとなった『チーズはどこへ消えた?』など、その著書は世界47言語に翻訳され、売上げの累計は5000万部に達している。

このようにベストセラーの著者ふたりがタッグを組んで生まれたのが、『1分間マネジャー』である。

初版は、原著が1981年、邦訳が1983年に出版され、『1分間マネジャー』という目を引く珍しい書名でもあったので、ある年齢層以上の人ならベストセラーとなったことを鮮明に覚えているだろう。

いまみなさんが手に取られている『新1分間マネジャー』は、この古典を再び、より多くの新しい読者に読んでいただくこと、あるいは、かつて旧版を読まれた方々にも、その後、経験を積まれた分、読み方がどのように身近になっているか確認する気持ちをもって再読していただくことを主眼としている。新しい読者も、再び手にされた読者も、薄い書籍なのでこれを持ち歩き、読んだことを実行するという指針の下で、日常のマネジメントに活かしてもらうことを望みたい。

■リーダーシップとマネジメント

過去を振り返れば、経営書として空前のベストセラーであった書籍、たとえば『エクセレント・カンパニー』（1983年、講談社、2003年に英治出版が復刻）では、43社の超優良企業の成り立ちについて、そのような企業で働く人たちと組織や管理の特性に注目しながら記述された。それらの企業では次の特徴を有している。

①（議論はしても根本的には）実行重視である。②顧客に密着してその声を聞き取っている。③働く人の自主性を重んじて、ベンチャーではなくても企業者（起業者）的精神でもって動く人に満ち溢れている。④働く人を通じて生産性を高める。⑤基軸となる価値観に基づく経営がなされている。⑥その基軸から離れない。⑦本社はけっして肥大せずに簡素で組織も単純。⑧緩急自在に締めるところは締めつつも、自由とゆるやかさを実現している。この8つの特徴（いわば基軸となる経営のあり方の原理）をいくつ思い出せるか。また、取り上げられた43社には、IBM、3M、GE、ウォルマートなどが含まれていたが、かつてこれを読まれた人は、取り上げられた企業名を何社、思い出せることか。

ビジネスの世界の特徴は、ビジ－ネスという言葉通り、めまぐるしく忙しいため、普遍的な原理を貫くよりも、場面ごとに適切に対応することに終始しがちだ。逆説的だが、だからこそいっそう原理が大切になる。

リーダーシップに関しては、すぐれた経営者、たとえば、米国ならGEのジャック・ウェルチが、日本ならヤマト運輸の小倉昌男さんが、ご自身のリーダーシップの持論を披露しておられる。実際に経営の実践におけるリーダーシップの発揮に際して、ご本人たちが基盤とした考えが表明されている。

これらに比べると、マネジメントについて、そのコツをうまく伝え、実践に活かせる指南書は意外と少ない。そんな現状のなか、論より証拠で広く読まれてきたのが『1分間マネジャー』である。1分間マネジメントの達人（1分間マネジャー）から若者が学んでいくストーリーで、追体験的に読むことができるため、理解しやすい内容になっている。

『1分間マネジャー』という、この読みやすい寓話の主人公の考え方の基本や原理・原則、また元々のストーリーを大きく変えることなく、しかし、世界の変化に応じて

「より協調的な〝新しい〟やり方で人々を導き、意欲を引き出している」姿を提示することによって、本書は、効果的にフォロワーに影響を与えるマネジャー像を、今回も味のある〈マネジャーとフォロワーの対話〉を通じて描き出している。

ところで、リーダーシップの原理・原則としては、ウェルチの4つのE（4E's）がよく知られている。その内容は、エナジー（リーダー自身が元気）、エナジャイズ（そのおかげで周りが元気になる）、エッジ（肝心な場面で厳しく振る舞える）、エクシキュート（あきらめずに最後までやり抜く、そういう実行力）という4つのEで始まる言葉だ。リーダーシップの原理・原則を4つに凝縮したというのも相当にシンプルだが、『新1分間マネジャー』のシンプル度合いはさらにその上をいく。

本書で示されるのは、わずか3つの秘訣（Secret）に凝縮され、それらは書籍のタイトルと同様に3つとも1分間で始まる。秘訣の第1は「1分間目標（One Minute Goals）」、第2は「1分間称賛（One Minute Praisings）」、第3は「1分間修正（One Minute Re-Directs）」である。

マネジャーの日常行動における時間配分については膨大な研究蓄積があり、ここでその詳細にふれることはしないが、ヘンリー・ミンツバーグの『マネジャーの仕事』(白桃書房)やジョン・コッターの『ビジネス・リーダー論』(ダイヤモンド社)など、この分野の代表的研究があるので、興味のある方は参考にされたい。

また、リーダーとマネジャーはどう違うのだろうか。

リーダーは変化を導く人、これに対してマネジャーは決められたことを着実に進める人と対比する試みがよくみられる。この『新1分間マネジャー』の解説をしている私自身も、その対比に注目してきた(金井壽宏『リーダーシップ入門』日経文庫)。

他方で、元々の『1分間マネジャー』でも、いまみなさんが手に取っている『新1分間マネジャー』でも、冒頭に「かつてひとりの賢明な若者が、変化する現代の世界でリーダーシップとマネジメント力を発揮できる、特別なマネジャーを探していた」とあるように、この両者を対比、峻別しているわけではない。

マネジャーは、粛々と、事を着実に進めるという面では、管理という意味そのもののマネジメントを行うが、いままでのやり方を大きく変えてでも、環境の変化に対応するために、あるいはもっと言えば、環境に自ら変化を引き起こすために、変革のリーダーシップという役割も担っているのだ。

■なぜこんなに長く読まれているのか

明瞭なメッセージを、寓話や実例を含めてわかりやすく伝えていることから、このベストセラーは生まれた。ベストセラーの大半は、古典として読み継がれるほど長寿ではない。かつて空前のベストセラーであった、米国からやってきたいくつかのビジネス書を思い浮かべてみてほしい。たとえば、トム・ピーターズとロバート・ウォーターマンの『エクセレント・カンパニー』（1982年）、あるいは、マイケル・ハマーとジェイムズ・チャンピーの『リエンジニアリング革命』（1993年）等々。

そうしたなか、米国だけでなく、世界中でベストセラーになった『1分間マネジャー』は装いだけでなく、内容も新たに生まれ変わった。世界の変化、時代の変化に合ったリーダーの具体的な行動、フォロワーとのやりとりが描かれる。しかも、その記述は、技能を学ぶ分野の書籍、たとえば、コーチングの本における会話例と同様に、新1分間マネジャーと、この人に喜んでついていくフォロワーとの対話として描かれている。

よく揶揄されるように、ベストセラー書籍とは、ふだんは書籍を読まない人までが手に取るようになってはじめて実現するものだ。この観点からは、内容もさることながら、読みやすさも書籍にとっては美徳である。この書籍の読みやすさからいえば、ふだんあまりビジネス書を読まれない人でもお読みいただけると思う。

たとえば、家族における、お母さんとそのお子さんとの関係のかなりの部分は、実はリーダーシップの問題である。親子でこの本を読まれたら、実に微笑ましいことである。お子さんがお母さんに「ママのファミリー・マネジメントは間違っている」「ぼくたち子どものマネジメントを、もっとうまくやってね――この1分、1分のやりとりのなかで!!」と言うようになれば、最高だろう。

「リーダーシップとは実行するもので、読むものではない」というのは確かに至言ではあるが、このことは、リーダーシップだけでなく、マネジメントにも成り立つ。他方で、実践を重んじた社会心理学者のクルト・レヴィンの警句に従えば、「よい理論ほど実践的なものはない」のであり、本書の著者たち、とりわけ、ケン・ブランチャードがそのような立場に立っていることは疑いない。

あわせて、本書の特徴としては、ストーリー形式という点も大切である。先に述べたように、達人のリーダーについていきながら、リーダーシップを学ぶフォロワーとの対話で描かれているのも、本書を読みやすくし、また、読者に実践的な学びを促進するつくりになっているといえよう。書き方、スタイル上の勝利もまた『1分間マネジャー』をユニークな存在たらしめた。

本書のように、その内容が実践にかかわるテーマである場合には、入門したいと願う人、さらには、すでに入門しているが自信をもちたい、磨きをかけたいと願う人にとって、地道な実践への橋渡しになる。それは、読むだけでなく、1分単位の自分の行動を変える橋渡しになる。

大きな書店に行かれると、いつもお気づきのとおり、ビジネス書、なかでもリーダーシップの書籍はわんさとあるし、山積みになっているものだけでもかなりの数があるが、それでも、読みやすくて実践的指針が明快な書籍は、自戒的ながら監訳者自身のリーダーシップに関するいくつかの著作を含めて意外と多くない。本書は、そんななか、読まれるだけでなく、実践にも役立つ貴重な書籍であろう。だから、お願いは、本書の読後、自分のマネジメントぶりが問われるという場面では、1分、1分を大切に、学ばれたことを実行に移してみてほしい。

さて、最後になるが、いったんベストセラーになったものが、新しい姿で再び登場することは稀である（たとえば、超ベストセラーであった『エクセレント・カンパニー』は復刻されたが、新版が出版されることはなかった）。『1分間マネジャー』が初めて邦訳されてから、早くも34年が経過した。このたび、原著者自身が、*The New One Minute Manager* というタイトルの書籍を上梓したのを機に、これまで以上に読みやすい邦訳版が『新1分間マネジャー』としてわが国でも、さっそく出版される運びとなったことを喜びたい。

この卓抜な名称の本のことを初めて聞いた若い世代には、リーダーシップに入門するうえで、早い時期からこの書籍を手に取ってほしい。また、以前にも読んだことがあるという経験豊かな世代にも、自分のリーダーシップ・スタイルを振り返り、(そして振り返るために振り返るのではなく)より効果的なスタイルを新たに認識する機会となさっていただきたい。

金井壽宏

2015年6月

次のステップに進みたい方へ

本書に著された概念は、ケン・ブランチャード社の手法を活用したものです。同社は、世界 80 ヶ国以上において、20 の言語で、企業や団体が業績や従業員エンゲージメント、顧客ロイヤリティを向上させるのを助けています。本書で取り上げた概念や方法論を自分の組織に取り入れたい方は、下記にご連絡ください。

●日本におけるサービス提供者

Blanchard International Japan
株式会社ピープルフォーカス・コンサルティング
ブランチャード事業部
〒151-0051　東京都渋谷区千駄ヶ谷 3-12-8　ル・グラン原宿
URL: http://www.blanchardinternational.jp
E-mail: info@blanchardinternational.jp
Tel: 03-5771-7073

●アジアパシフィック地域におけるサービス提供者

The Ken Blanchard Companies – Asia Pacific Regional Office
E-mail: singapore@kenblanchard.com
Telephone: +65-6775-1030

●本社

The Ken Blanchard Companies – Global Headquarters
E-mail: international@kenblanchard.com
Telephone: +1-760-489-5005
Address: 125 State Place,
Escondido, California 92029 USA

Web Site: www.kenblanchard.com

［著者］

ケン・ブランチャード（Ken Blanchard）

世界で最も影響力のあるリーダーシップの権威の一人。60冊の共著書があり、世界の40を超える言語に翻訳され、合わせて2100万部超の売上げがある。『新1分間リーダーシップ』『1分間顧客サービス』『ザ・ビジョン』（いずれもダイヤモンド社）などが邦訳されている。1979年に妻のマージーとケン・ブランチャード社を創業、国際的な経営コンサルティング・研修を展開。現在は同社のCSO（Chief Spiritual Officer, 最高精神責任者）を務める。

スペンサー・ジョンソン（Spencer Johnson）

医学博士で、心理学者。さまざまな大学や研究機関の顧問をつとめ、功績が認められてハーバード・ビジネス・スクールの名誉会員。『1分間意思決定』（ダイヤモンド社）や『チーズはどこへ消えた?』（扶桑社）など多数の著書があり、世界47言語に翻訳され、それらの発行部数は累計5000万部に達する。

［監訳者］

金井壽宏（かない・としひろ）

神戸大学大学院経営学研究科教授。京都大学教育学部卒業、神戸大学大学院経営学研究科博士前期課程修了、マサチューセッツ工科大学でPh.D.、神戸大学で博士（経営学）を取得。モティベーション、リーダーシップ、キャリアなど、組織における人間行動の心理学的・社会学的側面を研究している。主な著書に『変革型ミドルの探求』（白桃書房）、『ニューウェーブ・マネジメント』（創元社）、『経営組織』『リーダーシップ入門』（日経文庫）、『働くみんなのモティベーション』（NTT出版）、『明日を変える働き方』（日本実業出版社）など。

［訳者］

田辺希久子（たなべ・きくこ）

東京教育大学卒業。青山学院大学大学院国際政治経済学研究科修士課程修了。翻訳家。著書に『英日日英　プロが教える基礎からの翻訳スキル』（三修社）、主な訳書に『新1分間リーダーシップ』『ザ・ビジョン』『ケン・ブランチャード　リーダーシップ論［完全版］』『戦争報道　メディアの大罪』『信頼の原則』（以上ダイヤモンド社）、『通訳翻訳訓練』（みすず書房）、『真のダイバーシティをめざして』（上智大学出版）など。

新1分間マネジャー

——部下を成長させる3つの秘訣

2015年6月18日　第1刷発行
2017年10月16日　第3刷発行

著者 ————ケン・ブランチャード／スペンサー・ジョンソン
監訳者————金井壽宏
訳者 ————田辺希久子
発行所————ダイヤモンド社
〒150-8409　東京都渋谷区神宮前6-12-17
http://www.diamond.co.jp/
電話／03·5778·7234（編集）03·5778·7240（販売）
装丁 ————長坂勇司（ナガサカデザイン）
DTP ————荒川典久
製作進行————ダイヤモンド・グラフィック社
印刷————勇進印刷（本文）・慶昌堂印刷（カバー）
製本————ブックアート
編集担当————田口昌輝

ISBN978-4-478-02525-3